# Gedachte Worte

*Ein Zusammentrag aus
einer losen Zettelsammlung meiner
vorbeigelaufenen Gedanken...*

AF236720

Susanne Severin

Mein Name ist
Susanne Willaschek.

Da ich seit sehr
vielen Jahren Gedichte
schreibe, habe ich
mich dazu entschlossen,
das Buch unter meinem
Mädchennamen zu
veröffentlichen:
Susanne Severin.

© 2021, Susanne Willaschek,
Herstellung und Verlag: BoD – Books on Demand,
Norderstedt
ISBN: 9783755741688

Wenn man meine Gedichte liest, könnte man denken, dass ich eine ewig Suchende nach dem Glück, der wahren Liebe und dem Sinn des Lebens bin... unglücklich und unzufrieden.
- Aber ich kann versichern, dass es anders ist. Ich weiß zu schätzen, wie großartig mein Leben ist!

Denn ich bin vielfarbig!

Angefangen hat alles - man soll es kaum glauben - im Deutschunterricht.

Seit nunmehr über 30 Jahren - auch das soll man kaum glauben - schreibe ich nun Gedichte. Aus meinem Leben, den Leben von Freunden und auch Fremden, eingefangene Gedanken über die Liebe, von Träumen und Leid.

Einen Teil davon habe ich hier endlich mal zusammengetragen - in willkürlicher Reihenfolge.

Im Drehbuch meines Lebens

Im Drehbuch meines Lebens
spiele ich die Hauptrolle.

Ich führe auch die Regie.

Manchmal ist es wichtig,
die Einstellung der Kamera zu wechseln,
um das Bild wieder geradezurücken.

Gedachte Worte sind wie Bilder

Bilder,
die du im Kopf bewahrst
sind dort besser aufgehoben
als auf jeder Festplatte und auf jedem Papier.

Bilder,
die du im Kopf bewahrst
bleiben immer bei dir
- du kannst sie nie verliern.

# Wie ein Tropfen

Wie ein Tropfen
Allein eine Winzigkeit,
in der Menge eine Pfütze -
Leicht zu zerstören.

Wie ein Auto
Schnell am Tag,
schnell in der Nacht.
An keinen Ort gebunden.

Wie ein Sommer
Strahlend,
warm.
Nur manchmal am Regnen.

Tiefe Gefühle der Zärtlichkeit -
Ungewollt - doch gewollt...

Tränen strömen -
Ungewollt - doch gewollt...

Sinnlos investiert...
Hoffnungsvoll aufs Neue.

_Liebe_

Liebe
Unbeschreiblich -
Angst davor
sich zu verliern.

Neues Glück
ganz neu erleben.
Bedingungslos
mit Blick nach vorn.

Fallen lassen,
mit zuen Augen.
Liebe spüren
wie noch nie.

Angst davor
zu tief zu fallen.

Angst vorm Glück
so wie noch nie.

Trennung schmerzt.
Nicht nur die.
Auch Liebe kann schmerzen.

Traurigkeit bringt Tränen.
Nicht nur die.
Auch Freude kann Tränen bringen.

Wenn ich also weine,
heißt es nicht unbedingt,
dass ich auch traurig bin.

# Ein kleiner Junge

Ein kleiner Junge
voll von Träumen,
will ein Jahr nach Amerika.

Ein kleiner Junge
voll von Träumen,
ist in Gedanken längst schon da.

Ein kleiner Junge
voll von Träumen,
hofft,
es wird bestimmt mal wahr.

Mit Verachten
sollte ich dich strafen.
Mit Ignoranz foltern.
Mit Blicken töten.

Stattdessen
komme ich dir entgegen,
unterhalte mich mit dir,
und streichle dich
mit meinen Blicken.

## Es tut so weh

Es tut so weh!

Ich könnte schreien vor Schmerz!
Die Nerven zerreißen mich!
Ich breche zusammen.

Ich gehe zum Arzt:
„Sie sind gesund."

Danke.
Doch was ist mit dem Schmerz?
Der ist geblieben!

„Ach das...- das ist das Herz."

Ich wünschte mir,
dass ich fertig wär mit dir.

Dich vergessen -
aus meinem Herzen streichen.

Doch es geht nicht.
Du bist wie ein Stachel,
der zu tief sitzt.
Ich krieg dich nicht raus.

Ich glaub`,
jetzt hast du dich entzündet.

# Oh ja

„Oh ja.
Ich nehm` mir Zeit! -
Für dich? -
Natürlich!"

„-Tut mir leid.
Es klappte doch nicht.
Ein Strauß Rosen entschuldigt mich."

Alles leere Worte in deinem Kopf.
- Du spielst mit mir.

Wieder und immer wieder
dasselbe Spiel.

Und ich spiele mit.
Jedesmal.
Spiel um Spiel.

Und merke nicht,
wie ich mich selbst verlier!

Süße Gefühle

Liebe im Kopf
und Liebe im Herzen
- auch die können schmerzen.

Doch ein süßes Gefühl
darf nicht untergehen im Alltagsgewühl.

Denn in Gedanken darf man sich berühren -
zärtlich streicheln und verführen.

Doch man muss sich bemühen,
denn nur so kann sie blühen.

Die Fassade bröckelt.

Das ist schlecht
für das junge Paar,
das im ersten Stock wohnt.

Oder
für das alte Ehepaar
im Erdgeschoss.

Oder
für das junge alte Paar
irgendwo
dazwischen.

# An einem Freitag

An einem Freitag,
den 13.
begann für uns
die Sonne zu scheinen.

Sie scheint nicht jeden Tag.

Manchmal ist es bewölkt,
und ganz selten regnet es auch.

Doch der Himmel
ist seitdem
immer blau!

Indianer

Mit Pfeil und Bogen
auf Jagd
nach Glück.
Leise lächelnd
durch den Wald.

Im Zelt des Lebens
bleibt die Zeit zurück.
Die Friedenspfeife dampft
- der Rauch ist die Erinnerung.

Mit Kriegsbemalung
auf Jagd nach Bleichgesichtern.

Froh über jeden neuen Skalp.

Am Marterpfahl gefesselt
- bis in die ewigen Jagdgründe.

Für Euch

Wie im Traum.
Dunkle Schatten.

Kaum zu glauben -
Alles in Watte.

Schmerz im Herz.
Nicht auszuhalten.

...

Nochmal von vorn.
Neu beginnen.

Einfach so.
Glücklich sein.
- Glücklich werden.

Noch einmal!
Gemeinsam!

Wenn ich dich sehe, bin ich stolz

Kaum einer wollte an uns glauben.
Manch einer fing an zu staunen.

Viele sagten: Kann das denn sein?
Und Einigen fiel gar nix ein.

Doch wir glauben an unser Glück,
und gehen keinen Schritt zurück.

Wir kämpfen
um jeden Schritt nach vorn.
- Mit Nachsicht - nicht mit Zorn.

Wir werden unseren Weg gemeinsam gehen,
und manche Leute staunen sehn.

Sie werden sagen: „Sieh mal an,
an der Liebe ist wohl doch was dran."

Die Unglaublichkeit wird zur Normalität,
und jeder, der uns sieht,
wird sagen: „Guck mal, es geht."

Im Alter ein Mann...

Herzensgut
- und voll Liebe

Stark
- und voll Angst

Ungerecht
- und hilflos

Durcheinander
- und doch voll Liebe?

Mein Vater

Stark und fest wie ein Baum.
Laut wie ein Donner.
Hilfsbereit wie ein Notarzt.
Fleißig wie eine Biene.
Altmodisch wie meine Oma.
Singend wie eine Schallplatte.
Dickhäutig wie ein Elefant.
Stur wie ein Esel.
Frech wie ein Lausbub.
Neugierig wie Nachbars Tante.

Wie ein glückliches Tier im Wald!

Erkenntnis


Auf einmal spürst Du Leben in mir.
Merkst, wie glücklich ich werde
und ich mich dir plötzlich öffne.


Ich spüre die Lust dich zu lieben -
nur für den Augenblick -
und dann schließe ich mich wieder.


Und du?


Nutzt deine Chance,
und zeigst mir deine Liebe.

# Gebacken

Gebacken
aus einem Meer von Früchten
tragen dich weiter
alle Sorten Brot...

# Manches Mal

Manches Mal
suche ich mich selbst
im Durcheinander meiner Gefühle.

Finde mich nicht zurecht.

Weiß nicht wer ich bin
und wo ich stehe.

Suche nach dem wahren Ich
für mein Glück.

## Ich liebe dich

Ich liebe dich
Ich lebe für dich
Ich bin für dich
Ich will sein für dich

Ich will
dass du glücklich bist
dass du zufrieden bist
dass du gerne bei mir bist

Doch bist du es auch,
wenn es nicht immer so ist?

Manche Momente im Leben
- kurz und selten -
reichen aus,
um sich lächelnd
zu erinnern
und sich auf die nächsten zu freuen.

# Im Karneval

Im Karneval
kann ich sein
wer ich gern wär.

Denn oft genug
bin ich nicht die
die ich bin.

# Im Boot

Im Boot
auf ruhiger See
sitze ich
und genieße.

Die Tränen
die ins Meer tropfen
bringen Unruhe
und schlagen Wellen.

Bringen das Boot zum Kentern.

## Ich tauche hinein

Ich tauche hinein
in ein anderes Leben.

Verliere mich
im Strudel der Gedanken.

Meine Träume
lassen mich fliegen.
Weit in eine andere Welt.

Entfernung muss keine Distanz sein,
wenn die Gefühle Brücken schlagen.

Wochen müssen keine Ewigkeit sein,
wenn Stunden zu Minuten werden können.
(Oder umgekehrt)

Schöne Gefühle müssen nicht versteckt werden,
wenn sie den Menschen mit Glück erfüllen.

Ich möchte in den Himmel schauen
mit dem Blick aufs Glück.

Strahlend soll es mir entgegen kommen,
mich lächelnd erhellen.

So gehe ich
erfüllt und strahlend
durch mein Leben

....und jeder kann es sehen.

*Das Leben strahlt*

Das Leben strahlt
an allen Ecken.

Nimmt dich mit
an verborgene Orte...

In die Tiefe und auf Wolken,
auf denen du fliegen kannst,
und die es auch manchmal verdunkeln lassen.

Aber es bleibt immer deins.

# Vielleicht

Vielleicht...
Gefühlt vermutlich länger.

Aber in Gedanken schneller,
und in echt.....- schwupps.

Ein paar Pfunde zu viel
schützen mein Herz.

Doch blaue Flecken
bekommt es trotzdem ab.

Wenn die Pfunde nicht wären...
- wer weiß, ob es längst zerbrochen wär...

# Wie ein Paar

Wie ein Paar
gemütliche Hausschuhe
entwickelt sich die Liebe
im Laufe der Jahre.

Sie sind da,
man schlüpft hinein
und fühlt sich ausgesprochen wohl.

Man muss nichts sagen,
sie passen einfach.

Manchmal berühren Worte mehr
als die Finger die Haut.

Manchmal ist es umgekehrt.

Man braucht keine Worte
um Gefühle zu spüren.

Ein Blick reicht.
Manchmal.

Deine Lippen auf meinen
berühren das Gefühl,
zu ertrinken in einer Ungewissheit,
die nie ans Tageslicht kommt.

Verbrennen an einem Feuer,
das nie entfacht wurde,
und in dem trotzdem die Flammen lodern.

Gedachte Worte
sind wie Träume.

Wie Bilder
ohne Namen
mit schwachen Erinnerungen.

Oder
wie Bilder
aus Träumen
mit Namen
und starken Erinnerungen.

Was ist der Sinn meines Seins?
Wofür bin ich auf der Welt?

Die Zeit.
So schnell verrinnt sie,
ohne dass ich sie nutze.

Vertrödel mein Leben,
weil ich nicht weiß warum.

Bis ich ihn finde
ist es schon vorbei
...vielleicht.

Wenn ich dich sehe
ist es,
als wenn ich
einen großen Strauß Blumen bekomme.

Ich möchte sie im Arm halten,
die Nase reinstecken,
und den Duft in mir aufnehmen.

Drin versinken
und mit geschlossenen Augen genießen.

# Liebende

Liebende
reichen sich die Hände

Halten sich
verstehen sich

Federleicht
genießen sie jeden Moment

Manchmal
sagen Worte
missverständliche Dinge
die nicht so gemeint sind

Doch
Liebende
reichen sich die Hände

Halten sich
verstehen sich
...und verzeihen

*Wie*

WIE
kann man Worte zurücknehmen
die nicht sagen
was sie hätten sagen sollen?

WIE
kann man Gefühle berühren
die verletzt wurden?

WIE
kann man Worte verändern
in Worte, die wirklich sagen,
für was sie bestimmt waren?

WIE
kann man was sagen
wenn keiner zuhört?

Worte fließen
ohne gedacht zu sein,
verfälschen den Sinn
ihres seins.

Verletzen den Moment,
verwandeln brutal
von schön in Qual.

Zurück in den Mund –
runterschlucken oder ausspucken?

Um zu vernichten
und wieder herzustellen,
wie es vorher war:
...so schön.

# Ein zweites Leben

Ein zweites Leben
fernab dieser Welt,
in meinen Gedanken
von Glück erfüllt.

Träume ich
die schönsten Träume,
erfüllt mit Leidenschaft.

Tanze, träume, liebe-
erfülle mich und alles.

Umarme mein Leben,
als gäbe es kein zweites.

Versuche es mitzunehmen
in die Wirklichkeit.

Wie eine Tüte Milch

Vorsichtig
trage ich sie vor mir her.

Plötzlich
rutscht sie mir aus der Hand.

Platsch
alles vergossen......

Der Wind

Der Wind,
der mir um die Nase weht,
erreicht auch meine Gedanken.

Ein frischer Wind tut manchmal gut,
bevor es wieder windstill wird.

Eine Spule Zwirn

Ein Kann,
kein Muss.

Das Leben verläuft wie eine Spule Zwirn.
Es reiht sich eins
ans andere auf.

Wie ein Faden durchs Leben
wird die Spule immer dicker.

Mal locker, mal fest,
zieht der Faden das Leben um die Spule.

Je nachdem...
...und manchmal verheddert es sich.

# Das Herz leuchtet

Das Herz leuchtet.
Brennt lichterloh.
Die Luft wird knapp.
Ich halte sie an.

Sie erfüllt mich.
Lässt mein Herz noch voller erscheinen.
Noch mehr leuchten.

Aber es wird nie verbrennen.

„Träume verwirklichen"
soll der Sinn des Lebens sein.

Doch die eigentliche Kunst besteht darin,
erst einmal Träume zu haben,
die man verwirklichen will.

Erst dann hat man den Sinn des Lebens
verstanden.

# Wie Brause

Wie Brause
prickeln die Gefühle
auf meiner Haut.
Wie kleine Bläschen
...und zerplatzen


Wie Brause
prickeln die Gefühle
auf meiner Haut.
Schäumen auf...
und werden weggespült...

# Ein offenes Herz

Ein offenes Herz
zerfließt vor Sehnsucht

Ein hoffendes Herz
zerbricht vor Schmerz

Ein einsames Herz
wünscht sich die Liebe

Ein gefühlvolles Herz
möchte keinen Schmerz

Ein glückliches Herz
verschenkt sich selbst

Hörst du noch
was ich dir sage?

Ein Kuss
Ein Muss

Gemeinsam
statt einsam

Gemeinsam
ist man weniger allein
– ist das gemein?

Dein   Weg
Mein   Weg
Unser  Weg
        Weg von mir
        Weg von dir
        Weg von uns

# Gefühle stehen

Gefühle stehen
wie eine Wand
- nicht gemauert -
doch fest genug
um mir Halt zu geben

In welche Richtung geht der Weg?

Zueinander?
Voneinander?

Der Weg wird breiter.
Jeder geht seine Spur.

...man darf sich nur nicht aus den Augen verlieren.

## Mit dir

Mit dir
fühle ich mich stark,
beschützt und geborgen.

Mit dir
bin ich stolz,
- auf das, was und wer ich bin.

Was soll von mir bleiben
wenn du nicht mehr bist?

Wenn NICHTS mehr ist
wie es ist?

Obwohl du immer bei mir bist...

Unendliche Weiten
am Strand
lassen dich
das Glück spüren.

Das Meer
lässt die Gedanken
wie die Wellen
schwingen.

Das Sonnenlicht
lässt die Wellen glitzern
und auch die Gedanken dazu
blitzen dabei auf.

Mal stürmisch,
mal sachte,
im Wind des Lebens.

# Die Wolken am Himmel

Die Wolken am Himmel
sind wie ein Puzzle
verschiedener Gedanken.

Sie halten sich
in verschiedenen Formen,
bleiben eine Weile stehen,
verändern sich
und ziehen weiter.

Manchmal machen sie
der Sonne Platz
und manchmal
lassen sie es regnen.

Gefühlvoll

Gefühlvoll
spüre ich jede Veränderung
wie sanfte Töne im Lied des Lebens.

Die Melodie des Lebens,
mal forte,
mal piano,
zeichnet sie Höhen und Tiefen
des eigenen Glücks.

Man muss lernen,
und immer wieder üben.
Bis man die Melodie kann.

- Fehlerfrei wird es nicht gelingen.

# Regentropfen

Regentropfen
fallen wie
Tränen
auf die Fensterscheiben.

Sie müssen nicht immer traurig sein.

Denn wenn die Sonne durchkommt
glitzern sie
wie wertvolle Perlen im Sonnenlicht
und strahlen!

# Viele Gefühle

Viele Gefühle...
im Nebel...
weiß nicht
was ich denken soll.

Schweigend versuche ich
mich zurechtzufinden
- meine Gedanken
in die richtige Richtung zu bringen.

Ich habe die Orientierung verloren.

Im Fahrstuhl des Lebens
geht es auf und ab.

Auch wenn man manches Mal
auf den falschen Knopf gedrückt hat...

...mal ganz unten
oder zu weit hoch hinaus gelandet ist...

...mal auf der falschen Etage angehalten...

...oder gar stecken geblieben ist...

Es gibt immer die Möglichkeit
weiter zu fahren
bis man da ist
wo man hin möchte.

*Bunt*

Bunt
flattert im Wind
das Leben.

In allen Farben
zeigt sich
das Glück, die Hoffnung,
die Liebe.

Wie ein Strauß
fröhlicher Wiesenblumen.
Wild durcheinander,
bunt gemischt.

Ich glaube zu verstehen
- ohne zu wissen

Doch ich bin
- ohne zu sein

Möchte
- ohne zu können

Lieben mit Herz
- ohne Körper

Von meiner Liebe
nehmen und geben

Zeigen,
was man nicht sehen kann

Denn ich glaube zu verstehen
- ohne zu wissen...

Ich möchte geliebt,

im Arm gehalten und gestützt werden.

Geküsst werden und spüren,

wie sehr ich verstanden werde.

Liebe zurückbekommen, die ich auch gebe.

Gefühle aus Ehrlichkeit und Zuneigung,

die zur Liebe wachsen.


Ich möchte dich lieben, im Arm halten und stützen.

Dich küssen und dir zeigen wie ich dich verstehe.

Liebe zurückgeben die ich bekomme.

Gefühle aus Ehrlichkeit und Zuneigung,

die zur Liebe gewachsen sind.

# Eine Kleinigkeit

Eine Kleinigkeit
in der großen weiten Welt
bin ich.

Blicke mit großen Augen
fragend umher.

Suche nach Antworten und Fragen
nach der Wichtigkeit der Kleinigkeit...

Der Körper
spricht die Sprache des Herzens.

Die Ohren verschließen sich
wenn das Leben zu laut wird.

Das Karussell der Gedanken
dreht sich so stark im Kreis,
bis fast die Ketten sprengen.

Wenn dann Medikamente
das Blut zu lähmen scheinen,
reinigt der Körper es selbst,
indem er Tränen fließen lässt.

Durch die neugewonnene Kraft
und den Glauben an die Liebe
fängt der Körper langsam wieder an,
die leise Stimme der Liebe zu hören
...und an sie zu glauben.

An manche Momente
erinnert man sich gerne

Auf manche Momente
freut man sich

Manche Momente sind zu kurz

Manche Momente sind zu selten

Manche Momente sind schön
weil sie sind

Die Nacht

Die Nacht
lässt mich mutig werden.

Wenn ich nicht schlafen kann
habe ich ungeahnte Kraft und Phantasie
und traue mich viel.

Doch sobald ich wach werde
möchte ich alles vergessen.

Weil ich nicht mehr weiß
ob ich lieber träumen möchte.

# Auf Wiedersehen

Auf Wiedersehen
in einem anderen Leben
an einem anderen Tag.

Meine Gedanken sind meine.
Sie gehören mir
und sie bleiben mir.

Ich denke gerne an sie.
Hätte gerne mehr davon.
Möchte sie ausbreiten
und in meinem Herzen warmhalten.

Vielleicht in einem anderen Leben
an einem anderen Tag.
Vielleicht aber auch schon morgen.

Wer weiß, was mich erwarten mag.....

Ich öffne mein Herz,
werde dadurch verwundbar,
um dir das Gefühl zu schenken,
dass du geliebt wirst.
Bedingungslos.
So wie du bist

In der Hoffnung
dass irgendwann jemand anderes
auch sein Herz öffnet,
um mir zu zeigen,
dass auch ich
(ein bisschen) geliebt werde.
Bedingungslos.
So wie ich bin.

# Aufgestanden

Aufgestanden
losgegangen
in ein neues Abenteuer

Gesucht
Geirrt
Verwirrt
wohin die Füße dich tragen
ohne zu fragen
ohne Worte
vielleicht an viele Orte

Letztendlich gefunden
auf dem Weg zum Glück
brachten wir dich zurück

- doch du bist erneut gegangen

Deine Augen....
Ich lass sie in mein Herz blicken,
das vor dir liegt, wie ein offenes Buch.
Lass dich all meine Gefühle sehen,
auch wenn ich Angst habe
vor dem Stein im Schuh.

Stupide Stumpfsinnigkeit
mit einer Prise Pfeffer,
gepaart mit Blitz und Donner,
lässt neues Wetterleuchten entstehen.

*Ich springe mit dir in eine*
*ungewisse Zukunft*

Ich springe mit dir in eine ungewisse Zukunft.

Tauche ein in dein Lächeln,

lasse mich fallen in dein Herz.

Deine Arme halten mich,

meine Arme halten dich,

und in unseren Augen

strahlt das Glück.

# Am Strand

Am Strand
das Meeresrauschen
der Sand
barfuß laufen

Gedanken baumeln lassen
im Wind
Losgelöst
schaukelt das Leben....

Worte

Worte
stellen sich mir in den Weg.

Halten mich zurück,
lassen mich stolpern.

Ich fange mich
und gehe vorsichtig weiter.

Oder soll ich die Richtung wechseln?

## Die Liebe

Die Liebe
Das Glück
Das Gefühl
- ein bisschen wie Ebbe und Flut.

Mal mehr, mal weniger zu sehen,
aber immer da.

Wäre ich ein Gefühl
so wäre ich Liebe - verbunden mit Glück
in einem sonnengelb

Ich würde leuchten und lächeln
- alles erfüllen
- mit meinem Gefühl

_Ich bin wie das Meer_

Ich bin wie das Meer
oft ruhig
aber in Bewegung

mal rau
und ungemütlich

mal sanft
aber unergründlich

und von unterschätzter Kraft

Immer noch
suche ich mich.

Versuche mich zu verstehen.

Möchte erkennen
wer ich bin
und wo ich hinwill.
Verstelle mir selber den Blick.

Nur wenn ich die Augen schließe
kann ich erkennen
wo es hingeht.

Das Karussell des Lebens dreht sich.
Für den einen nimmt es noch an Fahrt auf,
während es für den anderen bereits langsamer
wird.

Während der eine bereits fest im Sattel sitzt
merkt der andere kaum,
wie der Fahrtwind
ihn aus der Kurve wirft.

Obwohl er nur mit einer Hand winken wollte.

# Ein Lied entsteht

Ein Lied entsteht
durch Melodie und Text.

Wenn der Text mit der Melodie
nicht harmoniert
kommen nur schiefe Töne heraus.

Das Lächeln in deinen Augen
lässt erkennen
wie du in dir ruhst.

Du strahlst Stärke aus
wie ein Fels in der Brandung.

Dein Lächeln umgibt dich
wie das Meer den Fels.

Man möchte sich anlehnen,
weil man sich sicher fühlen kann,
allen Stürmen zum Trotz.

Trotz tosender See
fühlt man sich geborgen.

Die Jahre

Die Jahre
die Monate
die Tage
ziehen vorbei.

Wie viele noch
können wir mit Leben füllen?

Mit Lebendigkeit, Liebe und Freude?

Um anschließend
- wenn es grauer wird -
die schönen Gedanken der Erinnerung
in bunten Farben zu sehen.

Ein Ohr
Ein Auge
Ein Arm
Ein Mund

Ich wünsche mir ein Ohr
das mir zuhört

Ein Auge
das mich sieht wie ich bin

Ein Arm
der mich hält

Einen Mund
der mit mir spricht

Der Fluss des Lebens

Der Fluss des Lebens

Manchmal
ist er ruhiges Gewässer.
Fließt langsam
und trocknet fast aus

Manchmal schwillt er an
zum reißenden Fluss.

Das Wasser sucht sich den Weg
über das Ufer
und nimmt alles mit
was in der Nähe ist.

# Gedanken

Gedanken
- interessiert
kreisen sie in meinem Kopf

Wollen hinaus
- nicht nur mit Worten
- auch mit Taten

Doch nichts
lässt sich mit den Händen bauen
was vom Herz im Kopf entstanden ist.

## Ein strahlendes Herz

Ein strahlendes Herz
bleibt ewig am Leuchten

Wo es auch ist
es wird immer sein

Hinter den Masken verborgen
erkennt man kaum
den wahren Menschen.

Sie lassen uns sein
wie wir sein möchten.

Mutig erleben
was wir sonst nur träumen.

Und wenn wir sie abnehmen
wird der Blick wieder klar.

Du kratzt an mein Herz

Du kratzt an mein Herz

Ich öffne es,
um dich hineinzulassen.

Doch bevor ich dich ganz
in mein Herz schließen kann
ziehst du dich wieder zurück.

- Doch der Kratzer bleibt.

Verdrehte Worte können sein
wie eine andere Sprache.

Der eigentliche Sinn
verdreht sich zu Unverständnis.

Ohne Gelegenheit
sie zu ordnen
bleibt die Traurigkeit
des Nichtverstandenseins.

Das Bild

Das Bild
vom glücklichen Mann
der in sich ruht,
der zufrieden ist
mit dem gelebten Leben,
der genießt und nichts bereut was war....

Das Bild
lässt mich jedes Mal lächeln
wenn ich es sehe,
und darauf hoffen,
dass auch ich irgendwann
zu so einem Bild werde.

Die Achterbahn des Lebens
wird im Laufe der Zeit unspektakulärer.

Je öfter man sie fährt,
desto besser kennt man sich aus.

Man kann sie mit geschlossenen Augen genießen.

Was nicht heißt,
dass man nicht manchmal die Spur ändern möchte.

An dem Fels in der Brandung
angelehnt
genieße ich die Wärme im Rücken.

Mit dem Blick in die Ferne
träume ich vom Mee(h)r.

Ich suche immer noch meinen Weg...

...

stolpere oft

komme vom Weg ab

gehe in die falsche Richtung

verkenne die Kreuzungen

missachte die Warnhinweise und Zeichen

bemerke oft nicht den Wetterwechsel

und wundere mich selbst

dass es immer noch mein Weg ist

# Das Glitzern

Das Glitzern
in meinen Augen
zeigt das Glück meines Lebens.

Doch manchmal
könnte auch das Unwetter der Traurigkeit
darin schwimmen.

# Gewollte Küsse

Gewollte Küsse...
in mir gespürte Leidenschaft
die unterdrückt, wie unter Strom,
in meinem Herzen lodert

Bahn brechen sie nicht,
dürfen nicht hinaus ins echte Leben

Bleiben als unbekannte Kraft in mir.

Nur Gleichgesinnte spüren sie auch.

Ich warte auf die Liebe
die wie ein Schiff
im Sonnenlicht
an mir vorbeizieht.

Und hoffe,
dass sie den Anker
in meinem Hafen wirft
und bleibt.

Man rührt und rührt
verschiedene Zutaten
wie Gelassenheit, Vertrauen, Respekt, Humor,
Ehrlichkeit, Zärtlichkeit, Geborgenheit...,
bis sich alles geschmeidig
zu einer Creme verbunden hat,
deren Konsistenz nicht zu locker
und nicht zu fest ist.

Man darf nicht vergessen,
immer wieder eine Prise Lust hinzuzugeben,
und immer wieder zu probieren
wie es schmeckt,
damit man den Geschmack nicht vergisst.

Man köchelt auf kleiner Flamme, ganz lange,
und zum Schluss muss man aufpassen,
dass man die richtige Hitze findet,
damit sie nicht überkocht
und auch nicht abkühlt.

## Wie ein Zug

Wie ein Zug
ziehen die Jahre vorbei.
Für jedes Abenteuer,
für jedes Erlebnis,
schließt sich ein neuer Wagen an.

Es gibt die unterschiedlichsten Wagen.
Mal klemmt ein Fenster,
mal quietschen die Bremsen...

Der Zug zieht vorbei.
Tag und Nacht
an blühenden Wiesen
und durch dichte Wälder,
bei Sonnenschein und Regen
- bei jeder Wetterlage

Doch die Wagen bleiben zusammen.
Und wenn man genau hinsieht,
kann man die Geschichten des Lebens erkennen.

Lang vermisste Berührungen
lassen mich deine Umarmungen
aufsaugen wie ein trockener Schwamm.

Man wundert sich
wie viel hineinpasst.

Bei Bedarf nehme ich ein paar Tropfen
und hoffe,
dass es reicht,
bis wir ihn wieder auffüllen können.

Ein Fingerstreich
- fühlt meine Wange
- meine Lippen
- streichelt meinen Körper

Die Lippen begleiten ihn auf dem Weg
über mein Herz
zu meiner Seele
die sich öffnet
um sich ihm hinzugeben

# Wenn du vor Glück

Wenn du vor Glück
drohst zu platzen,
vor Glück strahlst
und dein Lächeln im Gesicht
verankert ist...

Dann halte den Moment fest.
Lass ihn nicht los.

Er kann dir so manches Mal
das Leben retten
wenn du im Alltagstrott
unterzugehen scheinst.

Gedachte Worte
- unausgesprochen -
Erwünscht oder unerwünscht
liegen sie auf der Zunge
um hinauszukommen
oder hinuntergeschluckt zu werden.

Wie süßer Sekt
oder
bittere Medizin.

Das Karussell des Lebens dreht sich
Tag für Tag
Stunde um Stunde
Mal langsamer,
mal schnell.

Ist es zu langsam, bleibt es fast stehen,
man kann alles in Zeitlupe sehen.

Ist es zu schnell, ist es fast wie fliegen -
man kann die Gedanken nicht alle zusammen kriegen

Wer hoch fliegt,
kann tief fallen.

Jeder hat es mal erlebt
von uns allen

Mit Vorsicht genießen, sich selber finden und das
richtige Tempo ergründen,
mit dem man das Leben am schwingen hält,
ohne Angst haben zu müssen, das man rausfällt...

# Danke sagen...

...möchte ich natürlich auch.

...allen, die an mich und meine Texte geglaubt haben, sich in irgendeiner Art und Weise angesprochen gefühlt haben, und mich somit ermutigt haben, sie endlich als Buch zu veröffentlichen.

...allen, die mich tatkräftig bei der Umsetzung unterstützt haben:

Rüdiger Tillmann mit seiner Zeichnung, die er mir passend für „sein" Gedicht zur Verfügung gestellt hat, das ich für ihn vor langer Zeit geschrieben habe.

Steffi Libera für das tolle Foto-Shooting - die Fotos sprechen für sich.

Karin Braukhaus-Becker ... mit ihrer langjährigen Erfahrung und ihrem Können und nicht zuletzt ihrer Freundschaft. Auch hier spricht das Ergebnis für sich.

...und allen, die ich jetzt vergessen haben sollte.